先祖供養必携

先祖供養必携　目次

毎日《まいにち》の供養《くよう》次第《しだい》

一、礼拝《らいはい》（二拝《はい》二拍手《はくしゅ》一揖《ゆう》、又は一礼《れい》）

二、招神歌《かみよびうた》

生《い》きとし生《い》けるものを生《い》かし給《たま》える御祖神元津霊《みおやがみもとつみたま》ゆ幸《さきは》え給《たま》え。

吾《わ》が生《い》くるは吾《わ》が力《ちから》ならず、天地《あめつち》を貫《つらぬ》きて生《い》くる祖神《みおや》の生命《いのち》。

吾《わ》が業《わざ》は吾《わ》が為《な》すにあらず、天地《あめつち》を貫《つらぬ》きて生《い》くる祖神《みおや》の権能《ちから》。

天地《あめつち》の祖神《みおや》の道《みち》を伝《つた》えんと顕《あ》れましし生長《せいちょう》の家《いえのおおかみまもり》大神守りませ。

三、感謝《かんしゃ》の言葉《ことば》

尊師《そんし》・谷口雅春《たにぐちまさはる》先生ありがとうございます。

家 先祖代々親族縁族一切《せんぞだいだいしんぞくえんぞくいっさい》の霊様《みたまさま》ありがとうございます。

家 先祖代々親族縁族一切《せんぞだいだいしんぞくえんぞくいっさい》の霊様《みたまさま》ありがとうございます。

家 先祖代々親族縁族一切《せんぞだいだいしんぞくえんぞくいっさい》の霊様《みたまさま》ありがとうございます。

家 先祖代々親族縁族一切《せんぞだいだいしんぞくえんぞくいっさい》の霊様《みたまさま》ありがとうございます。

比古命之霊様《ひこのみことのみたまさま》ありがとうございます。

比古命之霊様《ひこのみことのみたまさま》ありがとうございます。

比女命之霊様《ひめのみことのみたまさま》ありがとうございます。

比女命之霊様《ひめのみことのみたまさま》ありがとうございます。

童子霊様《どうじのみたまさま》ありがとうございます。

ありがとうございます。ありがとうございます。ありがとうございます。

※○○家のところは、夫（または父親）の父方・母方、妻（または母親）の父方・母方の一族の姓《せい》を唱える。

※男性の場合は○○（俗名の姓名）比古命之霊《ひこのみことのみたま》、女性の場合は○○（俗名の姓名）比女命之霊《ひめのみことのみたま》と唱える。

※流産児及び中絶児の場合は、男女いずれも適する名前をつけ、「○○童子霊《どうじのみたま》」と唱える。

※他に縁の深い方の霊様《みたまさま》があれば御名前を称《とな》える。

四、聖経《せいきょう》『甘露《かんろ》の法雨《ほうう》』または聖経『天使の言葉』、または

「『久遠生命《くおんせいめい》』の神示《しんじ》」または「久遠《くおん》いのちの歌《うた》」読誦《とくじゅ》

唯今《ただいま》より聖経《せいきょう》『甘露《かんろ》の法雨《ほうう》』（聖経『天使の言葉』または「『久遠《くおん》生命《せいめい》』の神示《しんじ》」または「久遠《くおん》いのちの歌《うた》」）を読誦《とくじゅ》させて頂《いただ》きます。

（※）此《こ》の聖経《せいきょう》（または神示《しんじ》）を聴《き》き給《たま》いて悟《さと》りを開《ひら》き、仏《ほとけ》の境涯《きょうがい》に達《たっ》し給《たま》い、私達《わたしたち》子孫《しそん》を護《まも》り導《みちび》き給《たま》え。

※聖経『甘露の法雨』、聖経『天使の言葉』、「『久遠生命』の神示」、「久遠いのちの歌」のいずれか、またはその複数を読誦《とくじゅ》。

※聖経を読誦する場合は（※）の箇所に次の言葉を加える。

「この聖経《せいきょう》は、先祖代々《せんぞだいだい》伝承《でんしょう》して来《こ》られた教《おし》えを最《もっと》も解《わか》り易《やす》く現代語《げんだいご》で書《か》かれたものです」

「『久遠生命《くおんせいめい》』の神示《しんじ》」

○

吾《わ》が臨《きた》れるは物《もの》のためではない、生命《せいめい》のためである。肉《にく》のためではない、霊《れい》のためである。これを覚《さと》るものは少《すくな》い。物《もの》の生滅《しょうめつ》に心《こころ》を捉《とら》えられ、物《もの》が殖《ふ》えたときに信仰《しんこう》を高《たか》め、物《もの》が減《へ》ったときに信仰《しんこう》を失《うしな》い、身体《しんたい》が健康《けんこう》になったときに神《かみ》を讃《たた》え、家族《かぞく》の誰《たれ》かに病気《びょうき》が起《おこ》ったと云《い》っては信仰《しんこう》を失《うしな》うが如《ごと》きは、神《かみ》を信《しん》じているのではなく物《もの》を信《しん》じているのである。物《もの》は結局《けっきょく》移《うつ》り変《かわ》るものであるから、物《もの》の御利益《ごりやく》の上《うえ》に建《た》てられた信仰《しんこう》は、物《もの》の移《うつ》り変《かわ》りによって壊《こわ》れるのである。神《かみ》が病《びょう》気《き》を治《なお》して見《み》せるのは、肉体《にくたい》は心《こころ》でどうにでも移《うつ》り変《かわ》らせることが出《で》来《き》ると云《い》う事実《じじつ》を見《み》せて、『体《たい》』は念《こころ》の影《かげ》だと云《い》う真理《しんり》をさとらせるためである。念《こころ》の影《かげ》だと云《い》う『体《たい》』とは肉体《にくたい》ばかりのことではない。幽体《ゆうたい》も霊体《れいたい》もすべて念《こころ》の影《かげ》である。『死《し》は無《な》い』と云《い》うのは肉体《にくたい》のことではない。現《げん》に肉体細胞《にくたいさいほう》は刻々《こくこく》死滅《しめつ》し流転《るてん》している。生《い》き通《とお》しであるのは、斯《か》くならしめている『生命《せいめい》』のみである。『生命』のみが吾れであり汝であり、そのほかに吾れも汝もないのである。此《こ》の『生《せい》命《めい》』をみたまと云《い》う。みたまの形《かたち》は珠《たま》のように真《ま》ん円《まる》いからみたまと云《い》うように解《かい》するものもあれども、真《ま》ん円《まる》いのは形《かたち》のことではない。

神《かみ》は本来形無《ほんらいかたちな》く、空《くう》のうちに円満具足《えんまんぐそく》して自由自在《じゆうじざい》であるから仮《か》りに称《しょう》して円相《えんそう》と云《い》うのである。自由自在《じゆうじざい》なるが故《ゆえ》に或時《あるとき》は龍神《りゅうじん》の姿《すがた》を現《げん》じ、また或《あ》る時《とき》は衣冠束帯《いかんそくたい》の姿《すがた》を現《げん》じ、或《あ》る時《とき》は天使天童《てんしてんどう》の姿《すがた》を現《げん》ずる。いずれの姿《すがた》も権化《ごんげ》であって偽《いつわり》ではない。しかし一《ひと》つの形《かたち》に執《しゅう》して、それのみを吾《わ》れであると思《おも》うものは、吾《わ》が真実《しんじつ》を知《し》らざるものである。吾《わ》が全相《ぜんそう》を知《し》らざるものである。汝《なんじ》ら心《こころ》して真《まこと》を知《し》れ。汝《なんじ》たちも神の子であるから我《わ》れと同《おな》じきものである。肉体《にくたい》は汝《なんじ》の一《ひと》つの現《あらわ》れであって汝《なんじ》の全相《ぜんそう》ではないのである。（昭和七年四月十日神示）

○

汝《なんじ》の肉体《にくたい》は汝《なんじ》の念絃《ねんげん》の弾奏《だんそう》する曲譜《きょくふ》である。生命《せいめい》が肉体《にくたい》に宿《やど》ると云《い》うのは二元的《にげんてき》な考《かんが》え方《かた》であって真理《しんり》ではない。正《ただ》しく言《い》えば生命《せいめい》はその念絃《ねんげん》の弾《だん》ずる曲譜《きょくふ》に従《したが》って肉体《にくたい》を現《あら》わすのである。肉体《にくたい》と云《い》い、複《ふく》体《たい》と云《い》い、幽体《ゆうたい》と云《い》い、霊体《れいたい》と云《い》うはこれ悉《ことごと》く念《ねん》の映像《えいぞう》に過《す》ぎない。汝《なんじ》の念譜《ねんぷ》の種類《しゅるい》に従《したが》って或《あるい》は肉体《にくたい》を現《げん》じ、或《あるい》は複体《ふくたい》を現《げん》じ、或《あるい》は幽体《ゆうたい》を現《げん》じ、或《あるい》は霊体《れいたい》を現《げん》ずる。すべての人《ひと》はいつかは肉体《にくたい》を失《うしな》うであろうが死《し》ぬのではない。人《ひと》は神《かみ》の子《こ》であるから不死《ふし》である。念譜《ねんぷ》の形式《けいしき》が変《かわ》るに従《したが》って汝《なんじ》の仮有《けう》の形式《けいしき》が変《かわ》るのである。すべての人《ひと》の仮有《けう》は念《ねん》の異《ことな》るに従《したが》って、その顕現《けんげん》を異《こと》にする。念《ねん》の形式《けいしき》に大変動《だいへんどう》を生《しょう》ずれば、汝《なんじ》の仮有《けう》は他界《たかい》に顕現《けんげん》し、今迄《いままで》の念《ねん》の顕現《けんげん》たる肉体《にくたい》は速《すみや》かに自壊《じかい》自消《じしょう》する。これを人々《ひとびと》は死《し》と呼《よ》ぶが死《し》ではない。それは『生命《せいめい》』が念《ねん》の絃《げん》をもって一曲《いっきょく》を弾《だん》じ終《おわ》ってそれを止《や》め、他《た》の奏曲《そうきょく》に移《うつ》らんとするにも等《ひと》しい。『生命《せいめい》』の弾《だん》ずる念《ねん》の曲譜《きょくふ》の形式《けいしき》に大変動《だいへんどう》を生《しょう》ぜず、その念絃《ねんげん》の律動《りつどう》にただ調和《ちょうわ》を欠《か》きたるのみなるを病《やまい》と云《い》う。かくの如《ごと》き病《やまい》は、念絃《ねんげん》の律動《りつどう》の調子《ちょうし》を直《なお》せば治《なお》るのである。併《しか》し如何《いか》にその念《ねん》絃《げん》の律動正《りつどうただ》しくとも初歩《しょほ》の一曲《いっきょく》は必《かなら》ず終《おわ》って一層高《いっそうたか》き形式《けいしき》の曲譜を学《まな》ばねばならない。吾《わ》が云《い》う意味《いみ》は、地上《ちじょう》の生活《せいかつ》は必《かなら》ず終《おわ》らねばならないと云《い》うことである。地上《ちじょう》の生活《せいかつ》は汝《なんじ》の初歩《しょほ》の一曲《いっきょく》である。速《すみや》かにこれを終《おわ》るものは、初歩《しょほ》の教本《きょうほん》を速《すみや》かに終《お》えたものである。一曲《いっきょく》が終《おわ》らんとするを悲《かな》しむな。それはなお高《たか》き一曲《いっきょく》に進《すす》まんがためである。その前《まえ》に調律者《ちょうりつしゃ》が来《き》て汝《なんじ》の念絃《ねんげん》の調子《ちょうし》を正《ただ》すであろう。この調律《ちょうりつ》のために一時《いちじ》汝《なんじ》の仮有《けう》は調子《ちょうし》ならぬ調子《ちょうし》を奏《かな》でるであろう。此《こ》の世《よ》の一曲《いっきょく》が終《おわ》る前《まえ》に肉体《にくたい》の調子《ちょうし》が乱《みだ》れたように見《み》えるのは此《こ》の調《ちょう》律《りつ》のためであって真《しん》に調子《ちょうし》が乱《みだ》れたのではない。汝《なんじ》らかくの如《ごと》くして次第《しだい》に高《たか》き曲譜《きょくふ》に進《すす》み行《ゆ》け。一曲《いっきょく》は終《おわ》るとも弾《ひ》き手《て》は終《おわ》るのではない、弾《ひ》き手《て》は神《かみ》の子《こ》であって不死《ふし》であるぞ。（昭和六年六月二十六日神示）

「久遠《くおん》いのちの歌《うた》」

是《こ》の身《み》は霓《にじ》の如《ごと》し、
霓《にじ》は久《ひさ》しく立《た》つ能《あた》わず、
須臾《しゅゆ》にして消《き》ゆ。

是《こ》の身《み》は泡《あわ》の如《ごと》し、
泡《あわ》は久《ひさ》しく立《た》つ能《あた》わず、
須臾《しゅゆ》にして消《き》ゆ。

是《こ》の身《み》は幻《まぼろし》の如《ごと》し、
幻《まぼろし》は久《ひさ》しく立《た》つ能《あた》わず、
須臾《しゅゆ》にして消《き》ゆ。

是《こ》の身《み》は響《ひびき》の如《ごと》し、
響《ひびき》は久《ひさ》しく立《た》つ能《あた》わず、
須臾《しゅゆ》にして消《き》ゆ。

是《こ》の身《み》は稲妻《いなづま》の如《ごと》し、
稲妻《いなづま》は久《ひさ》しく立《た》つ能《あた》わず、

須臾《しゅゆ》にして消《き》ゆ。

是《こ》の身《み》は浮雲《うきぐも》の如《ごと》し、
浮雲《うきぐも》は久《ひさ》しく立《た》つ能《あた》わず、
須臾《しゅゆ》にして消《き》ゆ。

是《こ》の身《み》は水流《すいりゅう》の如《ごと》し、
水流《すいりゅう》は久《ひさ》しく立《た》つ能《あた》わず、
念々《ねんねん》に流《なが》れ去《さ》る。

是《こ》の身《み》は芭蕉《ばしょう》の如《ごと》し、
実《じつ》ありと見《み》ゆれども、
中空《なかくう》にして実《じつ》あらず。

是《こ》の身《み》は焔《ほのお》の如《ごと》し、
温《あたた》かく見《み》ゆれども、
一切《いっさい》を焼《や》き尽《つく》して空《むな》し。

是《こ》の身《み》は夢《ゆめ》の如《ごと》し、
実《じつ》ありと見《み》ゆれども、

虚《きょ》にして空《むな》し。

是《こ》の身《み》は迷《まよい》より出《い》ず、
実《じつ》ありと見《み》ゆれども、
妄《もう》にして空《むな》し。

この身《み》は主《しゅ》なし、
主《しゅ》ありと見《み》ゆれども、
主《しゅ》なくして空《むな》し。

この身《み》は心性《こころ》なし、
心性《こころ》ありと見《み》ゆれども、
瓦礫《がれき》の如《ごと》く心性《こころ》なし。

この身《み》は生命《いのち》なし、
旋風《せんぷう》に舞《ま》う樹《こ》の葉《は》の如《ごと》く、
唯業力《ただごうりき》に転《てん》ぜらる。

是《こ》の身《み》は不浄《ふじょう》なり、
美《うつく》しく見《み》ゆれども、

内《うち》に醜《みにく》きもの充満《じゅうまん》す。

是《こ》の身《み》は無常《むじょう》なり、
堅固《けんご》なりと見《み》ゆれども、
必《かなら》ずや当《まさ》に死《し》すべき時臨《ときき》らん。

泡《あわ》の如《ごと》く、霓《にじ》の如《ごと》く、
幻《まぼろし》の如《ごと》く、響《ひびき》の如《ごと》く、
過《す》ぎ去《さ》るものは実在《じつざい》に非《あら》ず。

汝《なんじ》ら実在《じつざい》に非《あら》ざるものを、
『我《われ》』なりと云《い》うべからず、
当《まさ》にこれを『我《われ》』と云《い》うべからず。

空《むな》しきものは『我《われ》』に非《あら》ず、
死《し》するものは『我《われ》』に非《あら》ず、
無常《むじょう》なるものは『我《われ》』に非《あら》ず。

法身《ほっしん》こそ応《まさ》に『我《われ》』なり。
仏身《ぶっしん》こそ応《まさ》に『我《われ》』なり。

金剛身《こんごうしん》こそ応《まさ》に『我《われ》』なり。
不壊《ふえ》なるものこそ応《まさ》に『我《われ》』なり。
死《し》せざるものこそ応《まさ》に『我《われ》』なり。
尽十方《じんじっぽう》に満《み》つるものこそ応《まさ》に『我《われ》』なり。

五、光明思念《こうみょうしねん》の歌《うた》（大調和《みすまる》の歌《うた》）
天照《あまてら》す御親《みおや》の神《かみ》の大調和《みすまる》の生命《いのち》射照《いてら》し宇宙《くに》静《しず》かなり（二回朗唱《ろうしょう》）

六、礼拝《らいはい》（二拝《はい》二拍手《はくしゅ》一揖《ゆう》、又は一礼《れい》）

月命日《つきめいにち》供養《くよう》 次第《しだい》

一、礼拝《らいはい》（二拝《はい》二拍手《はくしゅ》一揖《ゆう》、又《また》は一礼《れい》）

二、招神歌《かみよびうた》

生《い》きとし生《い》けるものを生《い》かし給《たま》える御祖神元津霊《みおやがみもとつみたま》ゆ幸《さきは》え給《たま》え。
吾《わ》が生《い》くるは吾《わ》が力《ちから》ならず、天地《あめつち》を貫《つらぬ》きて生《い》くる祖神《みおや》の生命《いのち》。
吾《わ》が業《わざ》は吾《わ》が為《な》すにあらず、天地《あめつち》を貫《つらぬ》きて生《い》くる祖神《みおや》の権能《ちから》。
天地《あめつち》の祖神《みおや》の道《みち》を伝《つた》えんと顕《あ》れましし生長《せいちょう》の家大神守《いえのおおかみまも》りませ。

三、招霊《しょうれい》の儀《ぎ》

(1)招霊《しょうれい》の言葉《ことば》

生《い》きとし生《い》けるものを生《い》かし給《たま》い、ありとしあらゆるものを在《あ》らしめ給《たま》い、現世《うつしよ》と幽世《かくりよ》との差別《けじめ》なく、すべての蒼生《あおひとぐさ》の大御祖神《おおみおやがみ》にまします生長《せいちょう》の家《いえ》の大神《おおかみ》の御前《みまえ》に霊《みたま》を招《お》ぎ奉《まつ》りて聖経《せいきょう》『甘露《かんろ》の法雨《ほうう》』（または聖経『天使の言葉』）、『顕浄土成仏経《けんじょうどじょうぶつきょう》』を読誦《とくじゅ》し供養《くよう》し奉《たてまつ》らんとす。庶幾《こいねがわ》くはこの席《せき》に来《き》たり給《たま》いて真理《しんり》の言葉《ことば》を受《う》け給《たま》え。

(2)招霊《しょうれい》

【昭和・平成・令和　〇年〇月〇日】を現世《うつしよ》の限《かぎ》りとして幽世《かくりよ》に還《かえ》り

まし

（個別霊の場合）

□　比古《ひこの》（比女《ひめの》）命之霊位《みことのみたまい》イーー

（流産児の場合）

【昭和・平成・令和　○年○月○日】を現世《うつしよ》の限《かぎ》りとして幽世《かくりよ》に還《かえ》りまし

実相妙楽宮地蔵《じっそうみょうらくぐうじぞう》　□　童子霊位《どうじのみたまい》イーー

(3) 数歌《かずうた》

一《ひと》、二《ふた》、三《み》、四《よ》、五《いつ》、六《むゆ》、七《なな》、八《や》、九《ここの》、十《たり》、百《もも》、千《ち》、万《よろず》（三回）

イューッ

四、聖経《せいきょう》『甘露《かんろ》の法雨《ほうう》』または聖経『天使の言葉』読誦《とくじゅ》

五、『顕浄土成仏経《けんじょうどじょうぶつきょう》』読誦《とくじゅ》

※戒名《かいみょう》（または法名《ほうみょう》）のない御霊様《みたまさま》に対して読誦《とくじゅ》するときは、

男性は【（俗名）比古命《ひこのみこと》】、

女性は【（俗名）比女命《ひめのみこと》】とする。

※複数の御霊様の場合は、「汝《なんじ》」を「汝等《なんじら》」とする。

『顕浄土成仏経《けんじょうどじょうぶつきょう》』

【昭和・平成・令和 〇年〇月〇日】を現世《うつしよ》の限《かぎ》りとして、
幽世《かくりよ》に遷《かえ》りましし、【(俗名) 比古《ひこの》(比女《ひめの》)命《みこと》】の霊《みたま》よ。
汝《なんじ》、今《いま》し肉体《にくたい》の繋縛《けばく》を離《はな》れ、
魂《たましい》の本地《ほんち》たる浄土《じょうど》に往《ゆ》く。
而《しか》して解脱名《げだつみょう》を【(戒名) 】と称《とな》え奉《たてまつ》り
今此処《いまここ》極楽《ごくらく》なること肉体《にくたい》の繋縛《けばく》を離《はな》れて
愈《いよいよ》明《あき》らかならん。

【(戒名)　　　　　　　】の霊《みたま》よ。
此《こ》の土《ど》を何《なん》が故《ゆえ》に、名《な》づけて極楽《ごくらく》と為《な》すか。
その国《くに》の衆生《しゅじょう》、もろもろの苦《くる》しみあることなく、
ただ諸《もろもろ》の楽《たの》しみのみ受《う》くゆえに極楽《ごくらく》と名《な》づく。
【(戒名)　　　　　　　】の霊《みたま》よ。
極楽国土《ごくらくこくど》には七重《ななえ》の欄干《らんかん》あり、
七重《ななえ》の薄絹《うすぎぬ》をもて張《は》りめぐらし、
七重《ななえ》の街路樹《がいろじゅ》立《た》ちならび、
金《きん》・銀《ぎん》・瑠璃《るり》・水晶《すいしょう》の四宝《しほう》を連《つら》ねたる、
美《うつく》しさ極《きわま》りなき網《あみ》をもってあまねく飾《かざ》り、

その麗《うるわ》しく楽《たの》しきこと限《かぎ》りなし。
故《ゆえ》に名《な》づけて極楽《ごくらく》と名《な》づく。
また【（戒名）　　】の霊《みたま》よ。
極楽国土《ごくらくこくど》には七宝《しっぽう》の池《いけ》あり。
八功徳《はちくどく》ある水《みず》その中《なか》に充満《じゅうまん》せり。
池《いけ》の底《そこ》にある沙《まさご》は、純金《じゅんきん》の粉末《ふんまつ》にして輝《かがや》きみてり。
四辺《しへん》には階道《かいどう》あり、
金《きん》・銀《ぎん》・瑠璃《るり》・玻璃《はり》をもて合成《ごうじょう》されたり。
上《うえ》に楼閣《ろうかく》あり、金《きん》・銀《ぎん》・瑠璃《るり》・硨磲《しゃこ》・紅玉《こうぎょく》・碼碯《めのう》をもって
これを厳飾《ごんじき》せり。

池《いけ》の中《なか》に蓮華《れんげ》あり、大《おお》いさ車輪《しゃりん》の如《ごと》し。
青《あお》き花《はな》には青《あお》き光《ひかり》、
黄《きいろ》き花《はな》には黄《きいろ》き光《ひかり》、
赤《あか》き花《はな》には赤《あか》き光《ひかり》、
白《しろ》き花《はな》には白《しろ》き光《ひかり》ありて微妙香潔《みみょうこうけつ》なり。
極楽国土《ごくらくこくど》には是《かく》の如《ごと》きの功徳荘厳《くどくしょうごん》を成就《じょうじゅ》せり。
また、彼《か》の仏《ほとけ》の国土《こくど》には常《つね》に天楽《てんがく》を作《な》す。
黄金《おうごん》をもって地《ち》となし、
昼夜六時《ちゅうやろくじ》に曼陀羅華《まんだらけ》を雨《あめ》ふらす。
彼《か》の国《くに》に生《うま》れたる衆生《しゅじょう》、

常《つね》に心《こころ》清《きよ》くして仏《ほとけ》に供養《くよう》し、
禅定《ぜんじょう》を以《も》って実相《じっそう》を観《かん》じ、
実相世界《じっそうせかい》の功徳《くどく》を満喫《まんきつ》す。
【(戒名)　】の霊《みたま》よ。
かくの如《ごと》き功徳充満《くどくじゅうまん》せる極楽浄土《ごくらくじょうど》に、
今《いま》や汝《なんじ》は生《うま》れたれば、
一切《いっさい》の罪障《ざいしょう》消《き》え、
自然《じねん》に念仏《ねんぶつ》・念法《ねんぽう》・念僧《ねんそう》の心《こころ》を生《しょう》ず。
念《ねん》に随《したが》って、孔雀《くじゃく》・鸚鵡《おうむ》・迦陵頻伽《かりょうびんが》等《など》の名鳥《めいちょう》来《きた》り囀《さえず》りて
その声《こえ》微風《みふう》の如《ごと》く、

汝《なんじ》の耳朶《じだ》をゆるがすに、
その声千仏《こえせんぶつ》の読経《どきょう》の如《ごと》くきこえ
心《こころ》愈《いよいよ》きよまりて邪念《じゃねん》なし。
【(戒名)　　】の霊《みたま》よ。
汝《なんじ》、心《こころ》愈《いよいよ》浄《きよ》まりたれば、
今《いま》ぞ仏《ほとけ》の御姿《みすがた》をみる。
光明無量《こうみょうむりょう》にして、十方《じっぽう》の国《くに》を照《て》らすに障礙《しょうげ》あることなし。
この故《ゆえ》に号《ごう》して阿弥陀《あみだ》と謂《い》う。
彼《か》の仏《ほとけ》の壽命無量《じゅみょうむりょう》なるが故《ゆえ》に、
無量壽仏《むりょうじゅぶつ》とも謂《い》う。

その国《くに》に生《うま》れたる者《もの》、皆《みな》ともに
壽命無量《じゅみょうむりょう》なり。
歓喜《かんぎ》無量《むりょう》なり。
悦《よろこ》ぶべし悦《よろこ》ぶべし。
ゆえに称《たた》え言《ごと》を唱《とな》えて、次《つぎ》の如《ごと》く実相円満誦行《じっそうえんまんしょうぎょう》す。
実相円満完全《じっそうえんまんかんぜん》
実相円満完全《じっそうえんまんかんぜん》
実相円満完全《じっそうえんまんかんぜん》

六、送霊《そうれい》の言葉《ことば》

願《ねが》わくは、ここに聖経《せいきょう》読誦《とくじゅ》による悟《さと》りの行事《ぎょうじ》を終《お》えたれば、汝《いまし》、命《みこと》、霊界《れいかい》に還《かえ》り昇《のぼ》り給《たま》い、いよいよ高《たか》き霊位《みくらい》に進《すす》み給《たま》い、人類光《じんるいこう》明化運動《みょうかうんどう》並《なら》びに親族《しんぞく》、縁族《えんぞく》の上《うえ》に守護《しゅご》の霊波《れいは》を送《おく》り給《たま》わんことを。

七、光明思念《こうみょうしねん》の歌《うた》（大調和《みすまる》の歌《うた》）

天照《あまてら》す御親《みおや》の神《かみ》の大調和《みすまる》の生命《いのち》射照《いてら》し宇宙《くに》静《しず》かなり（二回朗唱《ろうしょう》）

八、礼拝《らいはい》（二拝《はい》二拍手《はくしゅ》一揖《ゆう》、又は一礼《れい》）

祥《しょう》月《つき》命《めい》日《にち》供《く》養《よう》 次《し》第《だい》

一、礼拝《らいはい》（二拝《はい》二拍手《はくしゅ》一揖《ゆう》、又《また》は一礼《れい》）

二、招神歌《かみよびうた》

生《い》きとし生《い》けるものを生《い》かし給《たま》える御祖神元津霊《みおやがみもとつみたま》ゆ幸《さきは》え給《たま》え。
吾《わ》が生《い》くるは吾《わ》が力《ちから》ならず、天地《あめつち》を貫《つらぬ》きて生《い》くる祖神《みおや》の生命《いのち》。
吾《わ》が業《わざ》は吾《わ》が為《な》すにあらず、天地《あめつち》を貫《つらぬ》きて生《い》くる祖神《みおや》の権能《ちから》。
天地《あめつち》の祖神《みおや》の道《みち》を伝《つた》えんと顕《あ》れましし生長《せいちょう》の家大神《いえのおおかみ》守《まも》りませ。

三、祈願文《きがんもん》

現世《うつしよ》と幽世《かくりよ》との差別《けじめ》なく生《い》きとし生《い》けるものを生《い》かし給《たま》い、ありとしあらゆるものを在《あ》らしめ給《たま》い、時《とき》には弥陀《みだ》、観音《かんのん》、勢至《せいし》、諸仏《しょぶつ》、諸菩薩《しょぼさつ》と現《あらわ》れ給《たま》い、時《とき》には、住吉《すみよし》の大神《おおかみ》、塩椎《しおつち》の大神《おおかみ》、或《ある》いは七《なな》つの灯台《とうだい》の点灯者《てんとうしゃ》とも現《あらわ》れ給《たま》い、始《はじ》めにして終《おわ》りにまします宇宙《うちゅう》の御祖神《みおやがみ》なる生長《せいちょう》の家《いえ》の大神《おおかみ》の御前《みまえ》に（相集《あいつど》いて）【家《け》】先祖代々親族《せんぞだいだいしんぞく》、縁族《えんぞく》、一切《いっさい》の諸霊《しょれい》に廻向《えこう》し、【（俗名）比古《ひこの》（比女《ひめの》）命《みこと》】の霊《みたま》を招霊供養《しょうれいくよう》し奉《たてまつ》る。願《ねが》わくはこれら諸霊《しょれい》を弥益々《いやますます》に真理《しんり》の悟《さと》りに導《みちび》き給《たま》い、その功徳《いさおし》に応《おう》じて高《たか》き御位《みくらい》に進《すす》めさせ給《たま》えと請願奉《こいのみまつ》らくと申《もう》す。

四、招霊《しょうれい》の儀《ぎ》

(1)招霊《しょうれい》の言葉《ことば》

生《い》きとし生《い》けるものを生《い》かし給《たま》い、ありとしあらゆるものを在《あ》らしめ給《たま》い、現世《うつしよ》と幽世《かくりよ》との差別《けじめ》なく、すべての蒼生《あおひとぐさ》の大御祖神《おおみおやがみ》にましますす生長《せいちょう》の家《いえ》の大神《おおかみ》の御前《みまえ》に霊《みたま》を招《お》ぎ奉《まつ》りて聖経《せいきょう》『甘露《かんろ》の法雨《ほうう》』(または聖経『天使の言葉』)、『顕浄土成仏経《けんじょうどじょうぶつきょう》』を読誦《とくじゅ》し供養《くよう》し奉《たてまつ》らんとす。庶幾《こいねがわ》くはこの席《せき》に来《き》たり給《たま》いて真理《しんり》の言葉《ことば》を受《う》け給《たま》え。

(2)招霊《しょうれい》

【昭和・平成・令和 ○年○月○日】を現世《うつしよ》の限《かぎ》りとして幽世《かくりよ》に還《かえ》り

ましし

□ 比古《ひこの》(比女《ひめの》)命之霊位《みことのみたまい》イーー

(流産児の場合)

【昭和・平成・令和 ○年○月○日】を現世《うつしよ》の限《かぎ》りとして幽世《かくりよ》に還《かえ》り

ましし

実相妙楽宮地蔵《じっそうみょうらくぐうじぞう》 □ 童子霊位《どうじのみたまい》イーー

(警蹕《けいひつ》)オーー オーー オーー

※大きく息を吸い、厳《おごそ》かに発声し、お招きする。

(3)数歌《かずうた》

一《ひと》、二《ふた》、三《み》、四《よ》、五《いつ》、六《むゆ》、七《なな》、八《や》、九《ここの》、十《たり》、百《もも》、千《ち》、万《よろず》(三回)

イューッ

五、祭文《まつりのふみ》

(招霊《しょうれい》した霊《れい》に呼《よ》びかける気持《きも》ちで唱《とな》える)

汝《いまし》　霊《みたま》の実相《じっそう》は、本来神《ほんらいかみ》の子《こ》なるが故《ゆえ》に生《う》まれ来《こ》ぬ先《さき》も生《う》まれて住《す》める世《よ》も、今《いま》住《す》める霊《みたま》の世《よ》も、すべて神《かみ》のみふところを離《はな》るることなし。本来《ほんらい》、人《ひと》は神《かみ》の子《こ》にして天地《あめつち》の大御祖神《おおみおやがみ》と同根《どうこん》なり。天地《あめつち》の大御祖神《おおみおやがみ》と同根《どうこん》なるが故《ゆえ》に万物《ばんぶつ》の実相《じっそう》と同根《どうこん》なり。汝《いまし》　霊《みたま》は本来物質《ほんらいぶっしつ》にあらず、肉体《にくたい》に非《あら》ず、霊《れい》なり。されば全《すべ》てのものに執《と》らわれなく、病《やまい》なく、悩《なや》みなく、苦《くる》しみなく、本来罪《ほんらいつみ》なく、汚《けが》れもなし。すでに神《かみ》の子《こ》、仏《ほとけ》の子《こ》にして天地《あめつち》の大御祖神《おおみおやがみ》と同根《どうこん》なるが故《ゆえ》に、神通自在《じんずうじざい》にして為《な》すところ、願《ねが》うところ、悉《ことごと》く成就《じょうじゅ》して誤《あやま》ること無《な》し。神《かみ》は汝《いまし》霊《みたま》の命《いのち》の本源《ほんげん》なれば、常住不可思議《じょうじゅうふかしぎ》の生命《いのち》を幸《さきは》え給《たま》いて霊《みたま》を護《まも》り給《たま》う。されば霊界《れいかい》の努《つと》めを怠《おこた》ることなく、刻々《こくこく》、無限向上《むげんこうじょう》の道《みち》に精進《しょうじん》せられ愈《いよいよ》 完全円満《かんぜんえんまん》の実相《じっそう》を現《あら》わして、霊界《れいかい》のより聖《きよ》く、より高《たか》き御位《みくらい》に進《すす》み給《たま》えと我等《われら》一同《いちどう》、心《こころ》を尽《つ》くして、ここに万教帰一《ばんきょうきいつ》の聖経《せいきょう》『甘露《かんろ》の法雨《ほうう》』（または聖経『天使の言葉』）、『顕浄土成仏経《けんじょうどじょうぶつきょう》』を読誦《とくじゅ》し奉《たてまつ》る。汝《いまし》、命《みこと》、心《こころ》法悦《ほうえつ》に満《み》ちて聖経《せいきょう》の説《と》く真理《しんり》を受《う》け給《たま》い、更《さら》に精《くわ》しく「実相《じっそう》」の真理《しんり》を体得《たいとく》し、神通無礙《じんずうむげ》の生活《せいかつ》に入《い》り給《たま》い、自由自在《じゆうじざい》に顕幽《けんゆう》を往来《おうらい》して実相《じっそう》の大真理《だいしんり》を衆生《しゅじょう》に宣布《せんぷ》し、吾《われ》らの人類光明化運動《じんるいこうみょうかうんどう》・日本国実相顕現運動《にっぽんこくじっそうけんげんうんどう》を霊界《れいかい》より守護《しゅご》し給《たま》い更《さら》に大《おお》いなる功徳《いさおし》を積《つ》み給《たま》わんことを希《こいねが》い奉《たてまつ》る。

六、聖経《せいきょう》『甘露《かんろ》の法雨《ほうう》』または聖経『天使の言葉』読誦《とくじゅ》

七、『顕浄土成仏経《けんじょうどじょうぶつきょう》』読誦《とくじゅ》

※戒名《かいみょう》(または法名《ほうみょう》)のない御霊様《みたまさま》に対《たい》して読誦《とくじゅ》するときは、

男性は【(俗名)比古命《ひこのみこと》】、
女性は【(俗名)比女命《ひめのみこと》】とする。

『顕浄土成仏経《けんじょうどじょうぶつきょう》』

【昭和・平成・令和 ○年○月○日】を現世《うつしよ》の限《かぎ》りとして、
幽世《かくりよ》に遷《かえ》りましし、【(俗名) 比古《ひこの》(比女《ひめの》)命《みこと》】の霊《みたま》よ。
汝《なんじ》、今《いま》し肉体《にくたい》の繫縛《けばく》を離《はな》れ、
魂《たましい》の本地《ほんち》たる浄土《じょうど》に往《ゆ》く。
而《しか》して解脱名《げだつみょう》を【(戒名) 】と称《とな》え奉《たてまつ》り

今此処《いまここ》極楽《ごくらく》なること肉体《にくたい》の繋縛《けばく》を離《はな》れて
愈《いよいよ》明《あき》らかならん。
【(戒名)　　　】の霊《みたま》よ。
此《こ》の土《ど》を何《なん》が故《ゆえ》に、名《な》づけて極楽《ごくらく》と為《な》すか。
その国《くに》の衆生《しゅじょう》、もろもろの苦《くる》しみあることなく、
ただ諸《もろもろ》の楽《たの》しみのみ受《う》くゆえに極楽《ごくらく》と名《な》づく。
【(戒名)　　　】の霊《みたま》よ。
極楽国土《ごくらくこくど》には七重《ななえ》の欄干《らんかん》あり、
七重《ななえ》の薄絹《うすぎぬ》をもて張《は》りめぐらし、
七重《ななえ》の街路樹《がいろじゅ》立《た》ちならび、

金《きん》・銀《ぎん》・瑠璃《るり》・水晶《すいしょう》の四宝《しほう》を連《つら》ねたる、
美《うつく》しさ極《きわま》りなき網《あみ》をもってあまねく飾《かざ》り、
その麗《うるわ》しく楽《たの》しきこと限《かぎ》りなし。
故《ゆえ》に名《な》づけて極楽《ごくらく》と名《な》づく。
また、【(戒名)　　　　】の霊《みたま》よ。
極楽国土《ごくらくこくど》には七宝《しっぽう》の池《いけ》あり。
八功徳《はちくどく》ある水《みず》その中《なか》に充満《じゅうまん》せり。
池《いけ》の底《そこ》にある沙《まさご》は、純金《じゅんきん》の粉末《ふんまつ》にして輝《かがや》きみてり。
四辺《しへん》には階道《かいどう》あり、
金《きん》・銀《ぎん》・瑠璃《るり》・玻璃《はり》をもて合成《ごうじょう》されたり。

上《うえ》に楼閣《ろうかく》あり、金《きん》・銀《ぎん》・瑠璃《るり》・硨磲《しゃこ》・紅玉《こうぎょく》・碼碯《めのう》をもって
これを厳飾《ごんじき》せり。
池《いけ》の中《なか》に蓮華《れんげ》あり、大《おお》いさ車輪《しゃりん》の如《ごと》し。
青《あお》き花《はな》には青《あお》き光《ひかり》、
黄《きいろ》き花《はな》には黄《きいろ》き光《ひかり》、
赤《あか》き花《はな》には赤《あか》き光《ひかり》、
白《しろ》き花《はな》には白《しろ》き光《ひかり》ありて微妙香潔《みみょうこうけつ》なり。
極楽国土《ごくらくこくど》には是《かく》の如《ごと》きの功徳荘厳《くどくしょうごん》を成就《じょうじゅ》せり。
また、彼《か》の仏《ほとけ》の国土《こくど》には常《つね》に天楽《てんがく》を作《な》す。
黄金《おうごん》をもって地《ち》となし、

昼夜六時《ちゅうやろくじ》に曼陀羅華《まんだらけ》を雨《あめ》ふらす。
彼《か》の国《くに》に生《うま》れたる衆生《しゅじょう》、
常《つね》に心清《こころきよ》くして仏《ほとけ》に供養《くよう》し、
禅定《ぜんじょう》を以《も》って実相《じっそう》を観《かん》じ、
実相世界《じっそうせかい》の功徳《くどく》を満喫《まんきつ》す。
【（戒名）　　　　】の霊《みたま》よ。
かくの如《ごと》き功徳充満《くどくじゅうまん》せる極楽浄土《ごくらくじょうど》に、
今《いま》や汝《なんじ》は生《うま》れたれば、
一切《いっさい》の罪障《ざいしょう》消《き》え、
自然《じねん》に念仏《ねんぶつ》・念法《ねんぽう》・念僧《ねんそう》の心《こころ》を生《しょう》ず。

念《ねん》に随《したが》って、孔雀《くじゃく》・鸚鵡《おうむ》・迦陵頻伽《かりょうびんが》等《など》の名鳥《めいちょう》来《きた》り囀《さえず》りて
その声《こえ》微風《みふう》の如《ごと》く、
汝《なんじ》の耳朶《じだ》をゆるがすに、
その声《こえ》千仏《せんぶつ》の読経《どきょう》の如《ごと》くきこえ
心《こころ》愈《いよいよ》きよまりて邪念《じゃねん》なし。
【(戒名)　　　　】の霊《みたま》よ。
汝《なんじ》、心《こころ》愈《いよいよ》浄《きよ》まりたれば、
今《いま》ぞ仏《ほとけ》の御姿《みすがた》をみる。
光明無量《こうみょうむりょう》にして、十方《じっぽう》の国《くに》を照《て》らすに障礙《しょうげ》あることなし。
この故《ゆえ》に号《ごう》して阿弥陀《あみだ》と謂《い》う。

彼《か》の仏《ほとけ》の壽 命《じゅみょう》無量《むりょう》なるが故《ゆえ》に、
無量 壽仏《むりょうじゅぶつ》とも謂《い》う。
その国《くに》に生《う》まれたる者《もの》、皆《みな》ともに
壽 命無量《じゅみょうむりょう》なり。
歓喜《かんぎ》無量《むりょう》なり。
悦《よろこ》ぶべし悦《よろこ》ぶべし。
ゆえに称《たた》え言《ごと》を唱《とな》えて、次《つぎ》の如《ごと》く実相円満誦 行《じっそうえんまんしょうぎょう》す。
実相円満完全《じっそうえんまんかんぜん》
実相円満完全《じっそうえんまんかんぜん》
実相円満完全《じっそうえんまんかんぜん》

八、送霊《そうれい》の儀《ぎ》

(1)送霊《そうれい》の言葉《ことば》

願《ねが》わくは、ここに聖経読誦《せいきょうとくじゅ》による悟《さと》りの行事《ぎょうじ》を終《お》えたれば、汝《いまし》、命《みこと》、霊界《れいかい》に還《かえ》り昇《のぼ》り給《たま》い、いよいよ高《たか》き霊位《みくらい》に進《すす》み給《たま》い、人類光明化運動《じんるいこうみょうかうんどう》並《なら》びに親族《しんぞく》、縁族《えんぞく》の上《うえ》に守護《しゅご》の霊波《れいは》を送《おく》り給《たま》わんことを。

(2)悟《さと》りの歌《うた》

大神《おおかみ》の智慧《ちえ》の御光《みひかり》明《あき》らけく照《て》らして無明残《まよいのこ》る隈《くま》なし（二回《にかい》）

（警蹕《けいひつ》）オーー　オーー　オーー

九、光明思念《こうみょうしねん》の歌《うた》（大調和《みすまる》の歌《うた》）

天照《あまてら》す御親《みおや》の神《かみ》の大調和《みすまる》の生命《いのち》射照《いてら》し宇宙《くに》静《しず》かなり（二回朗唱《ろうしょう》）

十、礼拝《らいはい》（二拝《はい》二拍手《はくしゅ》一揖《ゆう》、又《また》は一礼《れい》）

彼岸会《ひがんえ》・盂蘭盆会《うらぼんえ》・誌友会等《しゆうかいとう》での供養祭《くようさい》次第《しだい》

ただいまより、【　　　　　　】の先祖供養祭を仕《つか》え奉《まつ》ります。

※【】の中は主宰団体名を入れる。

（例・○○家、○○支部、○○誌友会、等）

一、礼拝《らいはい》

「實相《じっそう》」（または「生命の實相」）のご揮毫《きごう》を通《とお》しまして先祖供養祭《せんぞくようさい》を導《みちび》き給《たま》う生長《せいちょう》の家大神《いえのおおかみ》に礼拝《らいはい》いたします。

礼拝《らいはい》（二拝《はい》二拍手《はくしゅ》一揖《ゆう》）

二、修祓《しゅばつ》（行う場合）

（禊祓祝詞《みそぎはらひのりと》〈天津祝詞《あまつのりと》〉）

高天原《たかあまはら》に神留坐《かみつまりま》す
神魯岐《かむろぎ》神魯美《かむろみ》の詔《みこと》を以《も》ちて
皇御祖神《すめみおやかむ》伊邪那岐命《いざなぎのみこと》
筑紫《つくし》の日向《ひむか》の橘《たちはな》の小戸《をど》の
阿波岐原《あはぎはら》に身禊祓《みそぎはら》ひ給《たま》ふ時《とき》に
生坐《なりませ》る祓戸《はらひど》の大神等《おほかみたち》
諸々《もろもろ》の枉事罪穢《まがことつみけがれ》を祓《はら》ひ給《たま》へ
清給《きよめたま》へと申《まを》す事《こと》の由《よし》を
天津神《あまつかみ》國津神《くにつかみ》八百萬《やほよろづ》の神等共《かみたちとも》に

天《あめ》の斑駒《ふちこま》の耳振立《みみふりたて》て聞召《きこしめせ》と
畏《かしこ》み畏《かしこ》みも白《まを》す

三、招神歌《かみよびうた》

生《い》きとし生《い》けるものを生《い》かし給《たま》える御祖神元津霊《みおやがみもとつみたま》ゆ幸《さきは》え給《たま》え。
吾《わ》が生《い》くるは吾《わ》が力《ちから》ならず、天地《あめつち》を貫《つらぬ》きて生《い》くる祖神《みおや》の生命《いのち》。
吾《わ》が業《わざ》は吾《わ》が為《な》すにあらず、天地《あめつち》を貫《つらぬ》きて生《い》くる祖神《みおや》の権能《ちから》。
天地《あめつち》の祖神《みおや》の道《みち》を伝《つた》えんと顕《あ》れましし生長《せいちょう》の家大神守《いえのおおかみまも》りませ。

四、供養祭祈願文《くようさいきがんもん》

現世《うつしよ》と幽世《かくりよ》との差別《けじめ》なく生《い》きとし生《い》けるものを生《い》かし給《たま》い、ありとしあらゆるものを在《あ》らしめ給《たま》い、時《とき》には弥陀《みだ》、観音《かんのん》、勢至《せいし》、諸仏《しょぶつ》、諸菩薩《しょぼさつ》と現《あらわ》れ給《たま》い、時《とき》には、住吉《すみよし》の大神《おおかみ》、塩椎《しおつち》の大神《おおかみ》、或《ある》いは七つの燈台《とうだい》の点燈者《てんとうしゃ》とも現《あらわ》れ給《たま》い、始《はじ》めにして終《おわ》りにましま す宇宙《うちゅう》の御祖神《みおやがみ》なる生長《せいちょう》の家《いえ》の大神《おおかみ》の御前《みまえ》に

【　　　　　】相集《あいつど》いて（各々《おのもおのも》の）先祖《せんぞ》代々《だいだい》親族《しんぞく》縁族《えんぞく》一切《いっさい》の諸《しょ》霊《れい》と流産児《りゅうざんじ》の諸霊《しょれい》を招《お》ぎ奉《まつ》り座《ま》せ祀《まつ》り供養《くよう》し奉《たてまつ》る。

願《ねが》わくはこれら諸霊《しょれい》を弥益々《いやますます》に真理《しんり》の悟《さと》りに導《みちび》き給《たま》い、その功《いさおし》に応《おう》じて高《たか》き御位《みくらい》に進《すす》ませ給《たま》えと請願奉《こいのみまつ》らくと申《もう》す。

※【　】の中は主宰団体の名称。（例・○○家親族縁族、○○会の信徒《まめびと》）

※（　）は、血縁関係者の場合は省略する。
（先導者《せんどうしゃ》、二拝《はい》二拍手《はくしゅ》一揖《ゆう》）

五、招霊《しょうれい》の儀《ぎ》

(1)招霊《しょうれい》の言葉《ことば》

生《い》きとし生《い》けるものを生《い》かし給《たま》い、ありとしあらゆるものを在《あ》らしめ給《たま》い、現世《うつしよ》と幽世《かくりよ》との差別《けじめ》なく、すべての蒼生《あおひとぐさ》の大御祖神《おおみおやがみ》にまします生長《せいちょう》の家《いえ》の大神《おおかみ》の御前《みまえ》に

【　　】有縁《うえん》の諸霊《しょれい》と流産児《りゅうざんじ》の諸霊《しょれい》を霊代《みたましろ》に招《お》ぎ奉《まつ》り鎮《しず》め祀《まつ》りて、親《した》しき人々《ひとびと》相集《あいつど》いて聖経《せいきょう》『甘露《かんろ》の法雨《ほうう》』、聖経《せいきょう》『顕《けん》

浄土成仏経《じょうどじょうぶつきょう》』を読誦《とくじゅ》し供養《くよう》し奉《たてまつ》らんとす。

庶幾《こいねがわ》くはこの席《せき》に来《きた》り給《たま》いて真理《しんり》の言葉《ことば》を受《う》け給《たま》え。

※【　】の中は主宰団体の名称。（例・〇〇家、〇〇支部、〇〇誌友会、等）

(2)招霊《しょうれい》

（先導者、厳《おごそ》かに）

最初に一般霊牌《いっぱんれいはい》を謹《つつ》しみて招霊《しょうれい》し奉《たてまつ》る。

（昭和・平成・令和）〇年〇月〇日を現世《うつしよ》の限《かぎ》りとして幽世《かくりよ》に還《かえ》りましし、〇〇比古《ひこの》（比女《ひめの》）命《みこと》の霊位《みたまい》イーー

※先導者が三柱《はしら》を招霊《しょうれい》した後、続いて一斉に一般霊牌《いっぱんれいはい》を招霊する。

※一般霊牌《いっぱんれいはい》の招霊《しょうれい》が終った後、引き続き、
実相《じっそう》妙《みょう》楽宮《らくぐう》地蔵《じぞう》傘《さん》下《か》に祀《まつ》らるる流産児《りゅうざんじ》の御霊《みたま》を招霊《しょうれい》し奉《たてまつ》る。
と先導者が一柱を招霊した後、続いて流産児の霊を招霊する。
※先導者は一般霊牌・流産児霊牌の招霊が終わった後、すべての霊牌を三方《さんぽう》に供え、祭壇に奉安《ほうあん》する。

(3) 鎮魂《みたましずめ》の儀《ぎ》

※先導者（または祭員）、二拝《はい》二拍手《はくしゅ》一揖《ゆう》。拍手は音を立てない忍手《しのびて》。
（昭和・平成・令和）○年○月○日を現世《うつしよ》の限りとして幽世《かくりよ》に移《うつ》りませる○○比古《ひこの》（比女《ひめの》）命《みこと》をはじめとする霊《みたま》たちよ、

（警蹕《けいひつ》）オーー　オーー　オーー

(4) 数歌《かずうた》

ただ今《いま》より数歌《かずうた》を称《とな》え気合《きあ》いをかけますれば、気合《きあ》いと共《とも》にこれの祭壇《さいだん》に奉安《ほうあん》せる新《あたら》しき霊代《みたましろ》に各《おの》も各《おの》もみたま鎮《しず》まり給《たま》えー。

一《ひと》、二《ふた》、三《み》、四《よ》、五《いつ》、六《むゆ》、七《なな》、八《や》、九《ここの》、十《たり》、百《もも》、千《ち》、万《よろず》（三回）

イユーッ

※先導者（または祭員）、二拝《はい》二拍《はくしゅ》手一揖《ゆう》。拍手は音を立てない忍手《しのびて》。

六、献饌《けんせん》（行う場合）

七、祭文《まつりのふみ》

（諸霊《もろもろのみたま》に呼びかける気持ちで唱《とな》える）

ただ今《いま》、招霊申《しょうれいもう》し上《あ》げし霊《みたま》たちに告《つ》げたてまつる。

汝霊《いましみたま》たちの実相《じっそう》は、本来神《ほんらいかみ》の子《こ》なるが故《ゆえ》に生《う》まれ来《こ》ぬ先《さき》も生《う》まれて住《す》める世《よ》も、今住《います》める霊《みたま》の世《よ》もすべて神《かみ》のみふところを離《はな》るることとなし。本来《ほんらい》、人《ひと》は神《かみ》の子《こ》にして天地《あめつち》の大御祖神《おおみおやがみ》と同根《どうこん》なり。天地《あめつち》の大御祖神《おおみおやがみ》と同根《どうこん》なるが故《ゆえ》に万物《ばんぶつ》の実相《じっそう》と同根《どうこん》なり。

汝霊《いましみたま》たちは本来物質《ほんらいぶっしつ》にあらず、肉体《にくたい》に非《あら》ず、霊《れい》なり。されば全《すべ》てのものに執《と》らわれなく、病《やまい》なく、悩《なや》みなく、苦《くる》しみなく、本来《ほんらい》罪《つみ》なく、汚《けが》れもなし。すでに神《かみ》の子《こ》、仏《ほとけ》の子《こ》にして天地《あめつち》の大御祖《おおみおや》神《がみ》と同根《どうこん》なるが故《ゆえ》に、神通自在《じんずうじざい》にして為《な》すところ、願《ねが》うところ、悉《ことごと》く成就《じょうじゅ》して誤《あやま》ること無《な》し。

神《かみ》は汝霊《いましみたま》たちの命《いのち》の本源《ほんげん》なれば、常住不可思議《じょうじゅうふかしぎ》の生命《いのち》を幸《さきは》え給《たま》いて霊《みたま》たちを護《まも》り給《たま》う。されば霊界《れいかい》の務《つと》めを怠《おこた》ることなく、刻々《こくこく》、無限向上《むげんこうじょう》の道《みち》に精進《しょうじん》せられ愈完全円満《いよいよかんぜんえんまん》の実相《じっそう》を現《あら》わして、霊界《れいかい》のより聖《きよ》く、より高《たか》き御位《みくらい》に進《すす》み給《たま》えと我等《われら》一同《いちどう》、心《こころ》を尽《つ》くして、ここに万教帰一《ばんきょうきいつ》の聖経《せいきょう》『甘露《かんろ》の法雨《ほうう》』、聖経《せいきょう》『顕浄土成仏経《けんじょうどじょうぶつきょう》』を読誦《とくじゅ》し奉《たてまつ》る。

汝《いまし》、命等《みことたち》、心法悦《こころほうえつ》に満《み》ちて聖経《せいきょう》の説《と》く真理《しんり》を受《う》け給《たま》い、更《さら》に精《くわ》しく「実相《じっそう》」の真理《しんり》を体得《たいとく》し、神通無礙《じんずうむげ》の生活《せいかつ》に入《い》り給《たま》い、自由《じゆう》自在《じざい》に顕幽《けんゆう》を往来《おうらい》して実相《じっそう》の大真理《だいしんり》を衆生《しゅじょう》に宣布《せんぷ》し、吾《われ》らの人《じん》類光明化運動《るいこうみょうかうんどう》・日本国実相顕現運動《にっぽんこくじっそうけんげんうんどう》を霊界《れいかい》より守護《しゅご》し給《たま》い更《さら》に大《おお》いなる功徳《いさおし》を積《つ》み給《たま》わんことを希《こいねが》い奉《たてまつ》る。

言別《ことわ》きて、流産児《りゅうざんじ》の御霊《みたま》たちに白《もう》さく。汝《いまし》、自然《しぜん》に流産《りゅうざん》せられし御霊《みたま》たちよ。汝《いまし》、童児童女《どうじどうじょ》たちは、霊界《れいかい》においてすでに高《たか》き程《てい》度《ど》の進化《しんか》に到達《とうたつ》し、受胎《じゅたい》と胎児形成《たいじけいせい》の過程《かてい》を経験《けいけん》し、尚《なお》、高度《こうど》の進化《しんか》を求《もと》めたる高級霊《こうきゅうれい》にほかならず。ここに各《おの》も各《おの》も御名《みな》をつけて霊牌《れいはい》に書《か》き録《しる》し供養《くよう》し奉《たてまつ》る。

殊《こと》に、不幸《ふこう》にしてやむなき現世《うつしよ》の事情《じじょう》あるにより人工流産《じんこうりゅうざん》せしめられたる御霊《みたま》たちよ、現世《うつしよ》にある父《ちち》は母《はは》は、汝御霊《いましみたま》たちに御名《みな》をつけ、霊牌《れいはい》に書《か》き録《しる》し、その胸《むね》に汝御霊《いましみたま》たちをい抱《だ》きしめ、誠《まご》心《ころ》こめて供養《くよう》し仕《つか》え奉《まつ》らんとす。汝御霊《いましみたま》たちは本来神《ほんらいかみ》の子《こ》なり。今《いま》、大御親神《おおみおやがみ》の大愛《たいあい》、汝御霊《いましみたま》たちをいつくしみ育《はぐく》み導《みちび》き給《たま》う。乞《こ》い願《ねが》わくは、聖経《せいきょう》の説《と》く真理《しんり》の功徳《くどく》を受《う》け、速《すみ》やかに人間神《にんげんかみ》の子《こ》の真理《しんり》を悟《さと》りて、全《すべ》ての怒《いか》り憎《にく》しみ恨《うら》みを放《はな》ち去《さ》り、悲《かな》しみの涙《なみだ》をおさめ、誠《まこと》の道《みち》に進《すす》みたまい、大御親神《おおみおやがみ》のお導《みちび》きのまにまに、愈《いよいよ》高《たか》き御位《みくらい》に進《すす》み給《たま》えと畏《かしこ》み畏《かしこ》みも白《もう》す。

八、聖経《せいきょう》『甘露《かんろ》の法雨《ほうう》』一斉読誦《いっせいとくじゅ》並びに焼香《しょうこう》

※先導者、二拝《はい》二拍手《はくしゅ》一揖《ゆう》。拍手は音を立てない忍手《しのびて》。

聖経《せいきょう》『甘露《かんろ》の法雨《ほうう》』を読誦《とくじゅ》し奉《たてまつ》るに当《あ》たり、霊《みたま》たちに白《もう》す。

この聖経《せいきょう》『甘露《かんろ》の法雨《ほうう》』は、仏教《ぶっきょう》、キリスト教《きょう》、神道《しんとう》など全《すべ》ての善《よ》き宗教《しゅうきょう》の神髄《しんずい》を今《いま》の世《よ》の言葉《ことば》に書《か》きあらわされたるものなれば、この真理《しんり》の言《こと》の葉《は》を傾聴《けいちょう》し受《う》け給《たま》いて、神《かみ》の子《こ》としての円満完全《えんまんかんぜん》なる実相《じっそう》を体得《たいとく》せられ、霊界《れいかい》において迷《まよ》いなく解脱《げだつ》し得《え》給《たま》いて、神通自在《じんずうじざい》となりて仏《ほとけ》の境涯《きょうがい》に達《たっ》し給《たま》わんことを希《こいねが》い奉《たてまつ》る。

※聖経『甘露の法雨』の「神」の項が終わると共に参列者、焼香。

九、聖経《せいきょう》『顕浄土成仏経《けんじょうどじょうぶつきょう》』読誦《とくじゅ》

『顕浄土成仏経《けんじょうどじょうぶつきょう》』

現世《うつしよ》より幽世《かくりよ》に遷《かえ》りましし
ここに招霊《しょうれい》申《もう》し上《あ》げし先祖代々《せんぞだいだい》の霊等《みたまたち》よ。
汝等《なんじら》、今《いま》し肉体《にくたい》の繫縛《けばく》を離《はな》れ、
魂《たましい》の本地《ほんぢ》たる浄土《じょうど》に往《ゆ》く。
今此処《いまここ》極楽《ごくらく》なること肉体《にくたい》の繫縛《けばく》を離《はな》れて

愈《いよいよ》明《あき》らかならん。

ここに招霊申《しょうれいもう》し上《あ》げし先祖代々《せんぞだいだい》の霊等《みたまたち》よ。

此《こ》の土《ど》を何《なん》が故《ゆえ》に、名《な》づけて極楽《ごくらく》と為《な》すか。

その国《くに》の衆生《しゅじょう》、もろもろの苦《くる》しみあることなく、

ただ諸《もろもろ》の楽《たの》しみのみ受《う》くゆえに極楽《ごくらく》と名《な》づく。

ここに招霊申《しょうれいもう》し上《あ》げし先祖代々《せんぞだいだい》の霊等《みたまたち》よ。

極楽国土《ごくらくこくど》には七重《ななえ》の欄干《らんかん》あり、

七重《ななえ》の薄絹《うすぎぬ》をもて張《は》りめぐらし、

七重《ななえ》の街路樹《がいろじゅ》立《た》ちならび、

金《きん》・銀《ぎん》・瑠璃《るり》・水晶《すいしょう》の四宝《しほう》を連《つら》ねたる、

美《うつく》しさ極《きわま》りなき網《あみ》をもってあまねく飾《かざ》り、
その麗《うるわ》しく楽《たの》しきこと限《かぎ》りなし。
故《ゆえ》に名《な》づけて極楽《ごくらく》と名《な》づく。
また、ここに招霊申《しょうれいもう》し上《あ》げし先祖代々《せんぞだいだい》の霊等《みたまたち》よ。
極楽国土《ごくらくこくど》には七宝《しっぽう》の池《いけ》あり。
八功徳《はちくどく》ある水《みず》その中《なか》に充満《じゅうまん》せり。
池《いけ》の底《そこ》にある沙《まさご》は、純金《じゅんきん》の粉末《ふんまつ》にして輝《かがや》きみてり。
四辺《しへん》には階道《かいどう》あり、
金《きん》・銀《ぎん》・瑠璃《るり》・玻璃《はり》をもて合成《ごうじょう》されたり。
上《うえ》に楼閣《ろうかく》あり、金《きん》・銀《ぎん》・瑠璃《るり》・硨磲《しゃこ》・紅玉《こうぎょく》・碼碯《めのう》をもってこれを厳飾《ごんじき》せり。
池《いけ》の中《なか》に蓮華《れんげ》あり、大《おお》いさ車輪《しゃりん》の如《ごと》し。
青《あお》き花《はな》には青《あお》き光《ひかり》、
黄《きいろ》き花《はな》には黄《きいろ》き光《ひかり》、
赤《あか》き花《はな》には赤《あか》き光《ひかり》、
白《しろ》き花《はな》には白《しろ》き光《ひかり》ありて微妙《みみょう》香潔《こうけつ》なり。
極楽国土《ごくらくこくど》には是《かく》の如《ごと》きの功徳《くどく》荘厳《しょうごん》を成就《じょうじゅ》せり。
また、彼《か》の仏《ほとけ》の国土《こくど》には常《つね》に天楽《てんがく》を作《な》す。
黄金《おうごん》をもって地《ち》となし、
昼夜六時《ちゅうやろくじ》に曼陀羅華《まんだらけ》を雨《あめ》ふらす。

彼《か》の国《くに》に生《うま》れたる衆生《しゅじょう》、
常《つね》に心《こころ》清《きよ》くして仏《ほとけ》に供養《くよう》し、
禅定《ぜんじょう》を以《も》って実相《じっそう》を観《かん》じ、
実相世界《じっそうせかい》の功徳《くどく》を満喫《まんきつ》す。
ここに招霊《しょうれい》申《もう》し上《あ》げし先祖代々《せんぞだいだい》の霊《みたま》等《たち》よ。
かくの如《ごと》き功徳《くどく》充満《じゅうまん》せる極楽《ごくらく》浄土《じょうど》に、
今《いま》や汝等《なんじら》は生《うま》れたれば、
一切《いっさい》の罪障《ざいしょう》消《き》え、
自然《じねん》に念仏《ねんぶつ》・念法《ねんぽう》・念僧《ねんそう》の心《こころ》を生《しょう》ず。
念《ねん》に随《したが》って、孔雀《くじゃく》・鸚鵡《おうむ》・迦陵頻伽《かりょうびんが》等《など》の名鳥《めいちょう》来《きた》り囀《さえず》りて

その声微風《こえみふう》の如《ごと》く、
汝等《なんじら》の耳朶《じだ》をゆるがすに、
その声千仏《こえせんぶつ》の読経《どきょう》の如《ごと》くきこえ
心《こころ》愈《いよいよ》きよまりて邪念《じゃねん》なし。
ここに招霊申《しょうれいもう》し上《あ》げし先祖代々《せんぞだいだい》の霊等《みたまたち》よ。
汝等《なんじら》、心《こころ》愈《いよいよ》浄《きよ》まりたれば、
今《いま》ぞ仏《ほとけ》の御姿《みすがた》をみる。
光明無量《こうみょうむりょう》にして、十方《じっぽう》の国《くに》を照《てら》すに障礙《しょうげ》あることなし。
この故《ゆえ》に号《ごう》して阿弥陀《あみだ》と謂《い》う。
彼《か》の仏《ほとけ》の壽命《じゅみょう》無量《むりょう》なるが故《ゆえ》に、

無量壽仏《むりょうじゅぶつ》とも謂《い》う。
その国《くに》に生《う》まれたる者《もの》、皆《みな》ともに
壽命無量《じゅみょうむりょう》なり。
歓喜《かんぎ》無量《むりょう》なり。
悦《よろこ》ぶべし悦《よろこ》ぶべし。
ゆえに称《たた》え言《ごと》を唱《とな》えて、次《つぎ》の如《ごと》く実相円満誦行《じっそうえんまんしょうぎょう》す。
実相円満完全《じっそうえんまんかんぜん》
実相円満完全《じっそうえんまんかんぜん》
実相円満完全《じっそうえんまんかんぜん》

十、撤饌《てっせん》（行う場合）

十一、送霊《そうれい》の儀《ぎ》

※先導者、二拝《はい》二拍手《はくしゅ》一揖《ゆう》。拍手は音を立てない忍手《しのびて》。

(1)送霊《そうれい》の言葉《ことば》

此《これ》の霊《みたましろ》牌に招《お》ぎ祭《まつ》りし一切《いっさい》の諸霊《しょれい》たちよ。
汝命《いましみこと》たちは、聖経《せいきょう》の説《と》く真理《しんり》により、既《すで》に肉体《にくたい》の繋縛《けばく》を脱《だっ》し、
自己《じこ》は肉体《にくたい》に非《あら》ず霊《れい》なりと悟《さと》り給《たま》えり。
肉体既《にくたいすで》に非《あ》らざるが故《ゆえ》に肉体《にくたい》の病《やまい》も苦《くる》しみもなし。汝命《いましみこと》たちは
既《すで》に完全円満《かんぜんえんまん》、金剛不壊《こんごうふえ》、久遠不滅《くおんふめつ》なる神《かみ》の子《こ》なり、仏子《ぶっし》なり。

願《ねが》わくは、ここに聖経《せいきょう》読誦《とくじゅ》による悟《さと》りの行事《ぎょうじ》を終《お》えたれば、此《こ》の真理《しんり》を充分《じゅうぶん》に悟《さと》り給《たま》い、光明《こうみょう》輝《かがや》く霊体《れいたい》をもって、元津御座《もとつみくら》に帰《かえ》り給《たま》いて益々《ますます》霊界《れいかい》の修行《しゅぎょう》を重《かさ》ね給《たま》い、一層《いっそう》高《たか》き霊位《みくらい》に昇《のぼ》り給《たま》いて、人類光明化運動《じんるいこうみょうかうんどう》並《なら》びに親族《しんぞく》、縁族《えんぞく》の上《うえ》に守護《しゅご》の霊波《れいは》を送《おく》り給《たま》わんことを。

(2) 悟《さと》りの歌《うた》

大神《おおかみ》の　智慧《ちえ》の御光《みひかり》　明《あき》らけく
照《て》らして無明《まよい》　残《のこ》る隈《くま》なし（二回）

（警蹕《けいひつ》）オーー　オーー　オーー

※先導者、二拝《はい》二拍手《はくしゅ》一揖《ゆう》。音を立ててよし。

十二、光明思念《こうみょうしねん》の歌《うた》(大調和《みすまる》の歌《うた》)

天照《あまてら》す御親《みおや》の神《かみ》の大調和《みすまる》の生命《いのち》射照《いてら》し宇宙《くに》静《しず》かなり(二回朗唱《ろうしょう》)

十三、礼拝《らいはい》

以上をもちまして、【　　　　　　　　】の先祖供養祭を仕《つか》え奉《まつ》りました。

ありがとうございます。

※【　】の中は主宰団体の名称。(例・○○家、○○支部、○○誌友会、等)

霊牌《れいはい》・祭祀《さいし》御控帳《おひかえちょう》

先祖代々の霊《みたま》

家先祖代々親族縁族一切之霊位	家先祖代々親族縁族一切之霊位	家先祖代々親族縁族一切之霊位	家先祖代々親族縁族一切之霊位
家先祖代々親族縁族一切之霊位	家先祖代々親族縁族一切之霊位	家先祖代々親族縁族一切之霊位	家先祖代々親族縁族一切之霊位

家先祖代々親族縁族一切之霊位	家先祖代々親族縁族一切之霊位	家先祖代々親族縁族一切之霊位	家先祖代々親族縁族一切之霊位	家先祖代々親族縁族一切之霊位
家先祖代々親族縁族一切之霊位	家先祖代々親族縁族一切之霊位	家先祖代々親族縁族一切之霊位	家先祖代々親族縁族一切之霊位	家先祖代々親族縁族一切之霊位

月命日《つきめいにち》・祥月命日《しょうつきめいにち》に供養する霊《みたま》

※俗名は、男性は比古命、女性は比女命と記入してください。

俗名（右） 戒名・法名（左）	帰幽年月日（享年）	命日	続柄《つづきがら》等
比　命之霊位	明大昭 平令　年　月　日（　歳）	日	
比　命之霊位	明大昭 平令　年　月　日（　歳）		
比　命之霊位	明大昭 平令　年　月　日（　歳）		

俗名（右）戒名・法名（左）	帰幽年月日（享年）	命日	続柄《つづきがら》等
比　命之霊位	明大昭 平令　年　月　日（　歳）	日	
比　命之霊位	明大昭 平令　年　月　日（　歳）		
比　命之霊位	明大昭 平令　年　月　日（　歳）		
比　命之霊位	明大昭 平令　年　月　日（　歳）		

俗名（右）戒名・法名（左）	比　命之霊位	比　命之霊位	比　命之霊位	比　命之霊位
帰幽年月日（享年）	明大昭半令　年　月　日（　歳）	明大昭平令　年　月　日（　歳）	明大昭平令　年　月　日（　歳）	明大昭平令　年　月　日（　歳）
命日	日			
続柄《つづきがら》等				

俗名（右）戒名・法名（左）	帰幽年月日（享年）	命日	続柄《つづきがら》等
比　命之霊位	明大昭平令　年　月　日（　歳）	日	
比　命之霊位	明大昭平令　年　月　日（　歳）		
比　命之霊位	明大昭平令　年　月　日（　歳）		
比　命之霊位	明大昭平令　年　月　日（　歳）		

俗名（右）戒名・法名（左）	帰幽年月日（享年）	命日	続柄《つづきがら》等
比　命之霊位	明大昭平令　年　月　日（　歳）	日	
比　命之霊位	明大昭平令　年　月　日（　歳）		
比　命之霊位	明大昭平令　年　月　日（　歳）		
比　命之霊位	明大昭平令　年　月　日（　歳）		

俗名（右）戒名・法名（左）	帰幽年月日（享年）	命日	続柄《つづきがら》等
比　命之霊位	明大昭平令　年　月　日（　歳）	日	
比　命之霊位	明大昭平令　年　月　日（　歳）		
比　命之霊位	明大昭平令　年　月　日（　歳）		
比　命之霊位	明大昭平令　年　月　日（　歳）		

俗名（右）戒名・法名（左）	帰幽年月日（享年）	命日	続柄《つづきがら》等
比　命之霊位	明大昭平令　年　月　日（　歳）	日	
比　命之霊位	明大昭平令　年　月　日（　歳）		
比　命之霊位	明大昭平令　年　月　日（　歳）		
比　命之霊位	明大昭平令　年　月　日（　歳）		

俗名（右）戒名・法名（左）	帰幽年月日（享年）	命日	続柄《つづきがら》等
比　命之霊位	明大昭平令　年　月　日（　歳）	日	
比　命之霊位	明大昭平令　年　月　日（　歳）		
比　命之霊位	明大昭平令　年　月　日（　歳）		
比　命之霊位	明大昭平令　年　月　日（　歳）		

俗名（右）戒名・法名（左）	帰幽年月日（享年）	命日	続柄《つづきがら》等
比　命之霊位	明大昭平令　年　月　日（　歳）	日	
比　命之霊位	明大昭平令　年　月　日（　歳）		
比　命之霊位	明大昭平令　年　月　日（　歳）		
比　命之霊位	明大昭平令　年　月　日（　歳）		

俗名（右）戒名・法名（左）	帰幽年月日（享年）	命日	続柄《つづきがら》等
比　命之霊位	明大昭平令　年　月　日（　歳）	日	
比　命之霊位	明大昭平令　年　月　日（　歳）		
比　命之霊位	明大昭平令　年　月　日（　歳）		
比　命之霊位	明大昭平令　年　月　日（　歳）		

流産児のある場合

※「実相妙楽宮地蔵」の下に名前を決め、命日とともにお書きください。

実相妙楽宮地蔵　　童子位	明大昭 平令　年　月　日帰幽
実相妙楽宮地蔵　　童子位	明大昭 平令　年　月　日帰幽
実相妙楽宮地蔵　　童子位	明大昭 平令　年　月　日帰幽
実相妙楽宮地蔵　　童子位	明大昭 平令　年　月　日帰幽
実相妙楽宮地蔵　　童子位	明大昭 平令　年　月　日帰幽

実相妙楽宮地蔵　　童子位
明大昭平令　　年　　月　　日帰幽

実相妙楽宮地蔵　　童子位
明大昭平令　　年　　月　　日帰幽

実相妙楽宮地蔵　　童子位
明大昭平令　　年　　月　　日帰幽

実相妙楽宮地蔵　　童子位
明大昭平令　　年　　月　　日帰幽

実相妙楽宮地蔵　　童子位
明大昭平令　　年　　月　　日帰幽

実相妙楽宮地蔵　　童子位
明大昭平令　　年　　月　　日帰幽

大切な方々の霊《みたま》

※親族以外で大切な方々の俗名を、男性は比古命、女性は比女命と記入してください。

俗名	命日	享年	覚え書き
比　命之霊位	明大昭平令　年　月　日帰幽	歳	
比　命之霊位	明大昭平令　年　月　日帰幽	歳	

比　命之霊位	比　命之霊位	比　命之霊位	比　命之霊位	比　命之霊位
明大昭平令　年　月　日帰幽	明大昭平令　年　月　日帰幽	明大昭平令　年　月　日帰幽	明大昭平令　年　月　日帰幽	明大昭平令　年　月　日帰幽
歳	歳	歳	歳	歳

比　命之霊位	比　命之霊位	比　命之霊位	比　命之霊位	比　命之霊位
明大昭平令　年　月　日帰幽	明大昭平令　年　月　日帰幽	明大昭平令　年　月　日帰幽	明大昭平令　年　月　日帰幽	明大昭平令　年　月　日帰幽
歳	歳	歳	歳	歳

比　命之霊位	比　命之霊位	比　命之霊位	比　命之霊位	比　命之霊位
明大昭平令　年　月　日帰幽	明大昭平令　年　月　日帰幽	明大昭平令　年　月　日帰幽	明大昭平令　年　月　日帰幽	明大昭平令　年　月　日帰幽
歳	歳	歳	歳	歳

比　命之霊位	比　命之霊位	比　命之霊位	比　命之霊位	比　命之霊位
明大昭平令　年　月　日帰幽	明大昭平令　年　月　日帰幽	明大昭平令　年　月　日帰幽	明大昭平令　年　月　日帰幽	明大昭平令　年　月　日帰幽
歳	歳	歳	歳	歳

比　命之霊位	比　命之霊位	比　命之霊位	比　命之霊位	比　命之霊位
明大昭平令　年　月　日帰幽	明大昭平令　年　月　日帰幽	明大昭平令　年　月　日帰幽	明大昭平令　年　月　日帰幽	明大昭平令　年　月　日帰幽
歳	歳	歳	歳	歳

父方・母方の四柱の先祖代々の霊と、祖父母・父母の霊

※昇天された方がいる場合、枠の中にお名前を書いてお使い下さい。

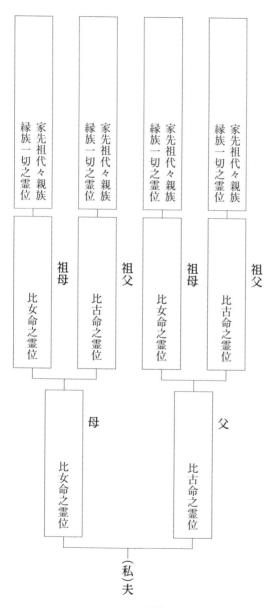

家先祖代々親族
縁族一切之霊位

家先祖代々親族
縁族一切之霊位

家先祖代々親族
縁族一切之霊位

家先祖代々親族
縁族一切之霊位

祖父
比古命之霊位

祖母
比女命之霊位

祖父
比古命之霊位

祖母
比女命之霊位

父
比古命之霊位

母
比女命之霊位

(私)夫

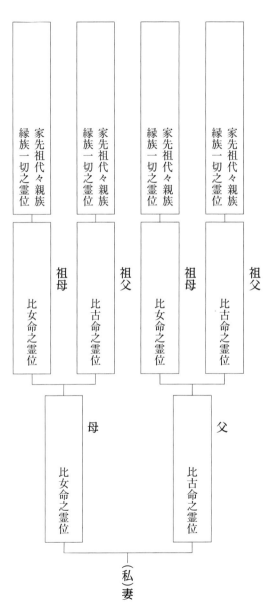

家先祖代々親族
縁族一切之霊位

家先祖代々親族
縁族一切之霊位

家先祖代々親族
縁族一切之霊位

家先祖代々親族
縁族一切之霊位

祖父
比古命之霊位

祖母
比女命之霊位

祖父
比古命之霊位

祖母
比女命之霊位

父
比古命之霊位

母
比女命之霊位

(私)妻

先祖供養必携《せんぞくようひっけい》

初版発行――令和6年4月25日
定　価――本体1,455円+税
編著者――宗教法人
生長の家創始者谷口雅春先生を学ぶ会
発行者――白水春人
発行所――株式会社 光明思想社
〒103-0004
東京都中央区東日本橋2-27-9　初音森ビル10F
TEL 03-5829-6581　Fax 03-5829-6582
郵便振替 00120-6-503028
装幀・本文組版――メディア・コパン
印刷・製本――モリモト印刷株式会社

ISBN978-4-86700-056-4